그리고, 그리다

우희정 지음

책을 내면서

동행 그리다

 틈만 나면 혼자 운전을 하고 전국을 돌아다니던 때가 있었다. 어느 날부터 죽이 맞는 동지가 생겼다. 둘이라서 좀 더 자유로웠다. 더구나 동행은 한 뼘 정도의 파브카스텔 드로잉북에 가는 곳마다의 풍경을 넣는 것이었다. 만년필 하나로 손바닥만한 종이에 함께 본 풍광이 살아나는 게 신기해서 나는 옆에서 메모를 했다.
 얼마의 시간이 흐른 뒤 운명처럼 우리는 함께 길을 가고 함께 같은 방향을 보는 사이가 되었다.
 20여 년 그렇게 동행을 해주던 그가 어느 날 홀로 여행을 떠나버렸다. 하지만 나는 여전히 밤마다 그와 함께 어딘가로 떠난다. 돌아올 때면 매번 그를 잃어버리고 혼자지만….

1주기를 맞아 평소 친하게 지내던 분들과 그가 안식에 든 묘원에 소풍을 가기로 했다. 그날 그의 체취가 담긴 선물을 하고 싶어 책으로 묶는다.

그가 그렸고, 나는 그리워하는 마음을 담았으니 부디 독자들께서는 어여삐 여겨 주시기 바란다.

2025년 복사꽃 필 무렵

草本堂에서 下里 우희정

내 나무 05.4.23

나의 느티나무, 당신의 달

미스터 페오 앞마당
나와 동갑인 느티나무 아래서
중도를 바라보다 만난 낮달.

05. 음3.14+1 낮의 달

수청리 강가에 거룻배 한 척
한때는 그도 마을사람들을 안고 강을 건너느라
열심을 냈을 터이지만 길과 자동차에 밀려
풀밭에 누워 하늘을 바라고 있다.
이제 그가 할 수 있는 일이란
가을이면 낙엽을 받아 안으며 신산스러운 웃음을 짓고
겨울이면 흰 눈을 소복이 둘러쓰고 세월을 죽이는 것뿐.
하지만 그가 간직한 긴 역사를 헤아려야 하리.
한 톨의 씨앗이 박토에 싹을 틔워
숱한 나날 비바람에 부대끼며 살아남아
한 그루의 나무로 성장하다
어느 날 거룻배로 다시 거듭날 때의 아픔을
한 시절 숨 가쁘게 강물을 헤집던 절정을 지나
휴식에 든 것을….

유명산 어비(魚飛)계곡에 가니
은빛 물고기 한가로이 노닐고

흙벽돌 쌓아 지은 함석집
낡은 문짝 비뚜름 열고 떠난 주인 기다리고

벼락 맞은 나무 그을린 모습으로
빈집을 지키더라.

숨죽이고 있는 저녁강을 보았다.
물에 몸을 담그고 잘 준비를 하는 산
산을 끌어안기 위해 길게 눕는 강을.

지난해 키를 재던 갈대의 무리 사이로
갈목(갈대의 이삭)이 수를 놓는다.
끼리끼리 모여서 군락을 이루고 있는 식물들
생존경쟁의 한 방법일 것이다.
가시나무는 얼마 전까지 향내를 사방으로 뿜던
아까시를 부러워하듯 건넛산을 향해 눈짓을 보내고.

가파도, 마라도가 보이는 中文 05. 05. 08

하늘과 바다를 가르는 것은 청빛 띠안개
똑 닮은 청색 섬 하나 잠겨 있고
파도가
잠 못 이루는 나를 불러내어
바다와 섬은 서로 닮아 한 몸이라고 한다.

하룻밤 꿈 꾸던 방을 올려다본다.
잿빛, 분홍색 물감을 거칠게 터치한 벽
베란다에 놓인 페튜니아 화분조차 낭만을 보태고
야자수, 소나무, 대숲, 새들의 합창에
몸은 한없이 가벼워지고.

칠흑같이 까만 밤
유리문에 붙어있던 투명 스티커 검정, 흰 오리 한 쌍
밤새 색깔이 바뀌었고
아침 바다의 푸른 물빛까지 들어와 찰랑인다.
문밖 바닥에 고인 물도 파도처럼 흔들리고
잔물결에도 그림자 드리운 나무를 배경 삼아 화려한
깃털의 물오리 한 쌍이 노닐고 있다.

하필이면 내가 도착한 그 밤은
태풍이 제주를 통과하느라 아주 부산했다.
콰르르르 쏴쏴, 콰르르르 쏴아아!
밤새 바다의 아우성에 잠을 설쳤다.
왕바람에 뒤채는 파도소리가 내 속을 온통 뒤집었다.

담쟁이덩굴 어긋난 세발걸음으로
봄햇살 벽을 기어오르고
김유정의 미친 사랑 노래가
아련히 들려오는 봄내(春川).

용문사 큰 키 소나무들
각자 독특한 포즈로 하늘을 향하고
다향 깊은 집에 앉아 바라보는 유리창 너머의
다분히 몽환적인 세상
이승과 저승을 가르듯 얇은 투명 벽 앞에서
좋은 인연과 차를 마신다.

בלנגה ממאטה אליה 05.05.08

어젯밤 섬을 강타한 태풍이 한라산 너머로 쫓겨 가면서
바다 속 깊숙이 바람 한 자락을 묻어두고 갔는지
여태껏 파도가 높다.
바다를 바라보며 아침을 먹는 이곳은 모든 게 하얗다.
네모반듯한 벽, 창문틀, 벽난로, 식탁과 의자,
촛대, 접시 등등 모두
오직 양초 세 자루만이 새빨간 피를 품어 강렬하게
자신의 존재를 드러낼 뿐
벽난로 옆에는 참나무장작이 쟁여져 불때를 기다리고
왼쪽으로는 비스듬히 돌아앉은 문섬이 보인다.
바다를 향해 달려가던 바위는
안타까움으로 새까맣게 몸을 태웠나
윗몸 일으킨 청석이 해안을 따라 즐비하다.

문섬에서 바라다본 한라는 신앙이었다.

문섬에 바라본 한라 05.05.08

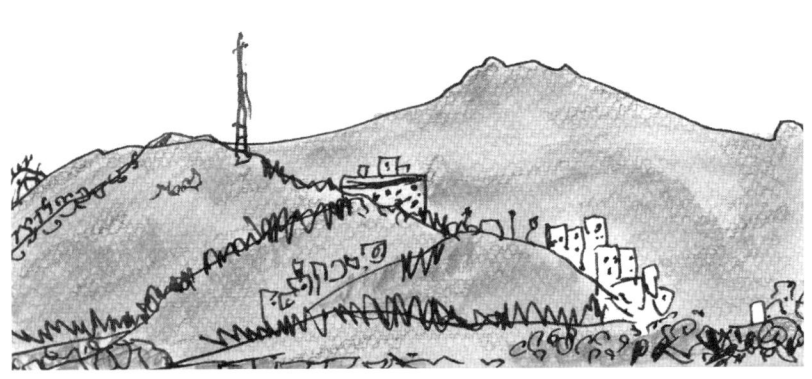

잠수함을 타고 문섬의 깊숙한 바닷속으로 들어간다.
해초들의 춤사위 그 사이를 유영하는 물고기들과 놀다
밖으로 나오니 바다 위에 둥둥 떠다니는 문섬이 보였다

봉정사 부속 암자
영산암 돌계단을 올라 맞닥뜨린 우화루(雨花樓)
석가모니가 영취산에서 법화경을 처음 설법할 때
하늘에서 꽃비가 내렸다고 했던가.
여기저기 불거진 옹이가 그대로인
통나무 문설주 속에 들앉은 풍경
가운데 석등을 두고 반쯤 보이는 응진전의 햇살 머금은
창살, 그 앞줄에 세월 묻은 돌탑과
돌무더기 속에 발을 묻은 반송

심호흡을 하고
닳아서 반질거리는 문턱을 넘어
뒤돌아보니
방금 건너온 사바세계는
어느새 구름으로 채워져 있다.

해무가 짙은 시각
'바다사랑' 찻집 창가에 앉아
아까시 꽃내음을 맡는다.
안개 낀 대천항 꿈결인 듯
몸속으로도 스멀스멀 안개가 스민다.

무창포 개펄에 가느다란 줄에 묶인 배 두 척
해는 아직 중천이라
난바다가 그리워 몸살을 앓고 있네.

허수아비 훔쳐보는 줄도 모르고
입을 맞추었다….
어머나! 참새도 봤네.
얼굴 붉히며 도망 나오다.

감포 가는 길
뻐꾸기울음에 멈춘 걸음
호랑나비 한 마리 꿈을 보태는 날갯짓
자욱이 몰려온 안개에 밀려 다시 길을 재촉하면….

팔조리 대숲을 지나
저 멀리 바다가 육지보다 더 높이 올라와 있는
31번 소나무터널을 지나면 감포다.

05. 6.11 장항리 서삼층석탑

토함산 동쪽 능선이 끝나는 지점, 골 깊은 개울을 건너 수풀을 헤치고 코를 땅에 박고 오르면 하늘이 뻥 뚫리는 바로 거기, 신라인의 숨결, 먼먼 옛적 사람의 손길이 멈추어 있다.
바람에 살을 씻으며 서 있는 황톳빛
장항리사지 서 5층석탑

도굴꾼들에 의해 폭파된 석탑을 겨우 모아다 놓다보니 엉성하기 짝이 없다.
왼쪽 5층탑은 그나마 형식을 갖추었는데 오른쪽은 탑신만이 잡초 속에 묻혀있고 무너진 조각들 사이로 네모반듯한 바닥돌 이슬 젖은 풀잎에 숨어 있다.
투명한 잉크를 군데군데 수북이 풀어놓은 하고초가 삭막한 정경을 위로해 준다.

마른내 옆 끼고 돌아들면 함월산 기림사
함박꽃 진 자리 붉은 흔적에
해당화 열매가 알알이 붉게 맺혀있는 길을 따라 되짚던
지난겨울의 그 이국땅이 생각난다.
봄 내내 어질머리 앓던 자국이 붉은 멍울로 남아
온 산이 빨갛게 물들어 있던 그곳에서
나는 내 조국의 봄을 생각했었다.

05. 6. 12 대릉원
  상봉총

왕들의 쉼터를 소요한다.
감나무 발치에 둔 능
대나무 베고 누운 능
에로틱한 둔부를 드러낸 쌍봉

배롱나무 팔걸이하고 궁중 연회의 춤을 춘다.
몇 번씩이나 머리를 깎았지만 아직 출가하지 못한
능수버들은 옆에서 몸통만 키우고 있다.

5.6.26 비오는 날의 저문녘. 팔당주

등을 두들기며 비가 내린다.
한강에 내리꽂히는 빗줄기
동그란 파문을 일으키고
건너편 아파트
물안개를 두르고 강을 건너고 있다.

아홉 용의 전설이 있음직한 구룡터널 암흑 속을 뚫고
몇 백 년을 거슬러 오르니
솔숲 모두 능 쪽으로 몸을 숙여 예를 다하고
까치마저 배알하듯 고갯짓을 까딱까딱

낮에 내린 비에 온몸을 씻은 나무와 풀들이
내일 아침 해 뜨는 곳을 향해
욕심껏 빨아들인 물을 뿜어내고 있다.

살아생전 갖은 악역을 도맡았던 태종.

숨 막히는 사건의 중심에서 살았던 그.

이제는 능 아래 조랑조랑 달려 있는 저 돌복숭아 익을 때쯤이면 그것을 공깃돌 삼아 한가한 세월을 죽이려나.

아버지 이성계를 도와 조선의 건국에 큰 힘을 보탰지만 신권정치를 주창하던 이들에게 배척을 당했을 때의 울분은 하늘을 찔렀을 터.

우여곡절 끝에 권좌에 올랐음에도 걸림돌이 될 만하면 거침없이 피를 보면서 왕권을 강화하여 아들을 성군의 반열에 올렸던 그.

아버지의 희생이 세종대왕을 만들었다지.

05.7.10 헌릉(태종)

05, 7, 2 경포호 경문리

'강은 오만과 욕심을 버리게 하고
바다는 희망과 용기를 준다'고 했던가.
경포호 강물이 경호교와 월송교를 지나
바다로 드는 강문
그 이름대로 저물녘 강이 문을 열고 나가
바다와 만나는…

붉은 강물과 푸른 바닷물이 서로 몸을 섞고 있었다.

운해로 뒤덮인 천금성에 올라
이내에 젖은 마등령과 달마봉, 공룡능선
권금성 울산바위까지 훑고
아쉬운 마음으로 돌아서는데 적송에 내 눈도 물들었는가,
올라갈 때만해도 살구빛이던 건너편 바위산들이 모두
붉게 보이더라.

선교장(船橋莊)

배다리교에서 유래되었다는 선교장은 조선중기에 건축된 99칸 양반주택으로 효령대군의 10대손 이내번이 건축한 이래 300여 년 세월 10대를 이어 내려오고 있단다.

퇴촌 도마리 길가 물기 없는 나무 한 그루
지난 세월 아쉬워 죽어서도 땅으로 눕지 못하고 하늘을
바라고 있다.
옆에 서 있는 저녁노을 닮은 능소화 은은한 미소로
못다 산 삶 대신 살아주겠노라 위로를 하네.

문경새재 다녀오는 길
열하루 달이 앞서거니 뒤서거니 하고

이 산 속에 무슨 너울인가.
요란스럽지 않게 엎드려 배밀이 하는 산, 산.

대승사에 들르지 않고
내처 부속암자 윤필암을 향해 달린다.
지난봄 윤필암 뜨락 아래 작은 텃밭에
다복하던 양귀비가 아직도 피어 있으려나.
툇마루에 앉아 한담을 나누던 여승과 양귀비의
낯선 조화에 한동안 머리가 어지러웠지.
오늘은 꼭 확인해 봐야지.

돌다리 넘어가면 솔밭
솔내를 따라가면 윤필암

높다란 사불전에 부처님 대신
커다란 방석만 괴어져 있고

통유리창으로 건넛산 적송이
부처님 대신 들앉았네.

05.7.24 주흘산 소리산방

소요산방 앞뜰에서 주흘산을 바라며
짝사랑으로 키를 키우던 전나무 한 그루
산방 주인의 시야를 가리는 무례에 대한 벌로
가지를 잘리고 하소연 한다.

가파른 자갈길을 미끄러지며 기다시피 오르다
마주친 찬바람에 숨을 멈추고 고개를 드니
여궁폭포의 아랫도리였다.

연꽃 같은 그 사람. 05. 7. 13

담홍자색 비비추 줄 잇는 길을 따라 비 마중 간다.
강변에서 듣던 빗방울 소리 그리워서…
꽃 한 송이로 축하 받은 마흔일곱 번째 내 생일.

봉선사 연꽃이 벌었다는 소식에
세상사 잠시 밀쳐두고 달려갔더니
법당 처마에 매달린 풍경
한 점 바람이 없어 울지 못하고
덩그러니 세월만 벼리고 있었다.

숲터널 지나 저수지를 끼고 돌면 고모리 691
첩첩이 드러누운 산을 보며
향기로운 차에 취하다.

더더 저문 녘 강이 빛나고
번쩍이는 물비늘
어느새 어둠과 하나 되었네.

활짝 핀 수련과 정자
그 아래 연못에 낚싯대를 드리운 사람
9천 평의 땅에 화초를 가꾸며 정자를 짓고
수련을 키우는 주인은
세월을 낚는 신선이었네.

퇴촌에서 왼쪽으로 꺾어
내처 달리면
조선백자의 고장 분원리
오늘은 강도 백자가 되는 날
아무도 밟지 않은 애눈길을 가니
하얀 얼음강 바라보던 산도
덩달아 백자가 되었더라.

오롯이 별들만 쏟아질 듯한 암흑
공동묘지를 지나다 떠올린
배냇골을 떠나지 못하는 영혼들.

여성의 자궁을 닮아 배태고개라 이름 붙은 배냇골.
아이러니하게도 이곳은 채 꽃도 피워보지 못한
봉오리들이 떼죽음을 당했던 곳.
산천에 피를 뿌리며 스러져가는 그들을
모성의 본능으로 보호해 주지 못한 한(恨)을 가슴에 품고
속울음을 울어야 했을 그 산야(山野).

모우(暮雨)

묘한 상상의 세계로 이끄는 분위기를
만끽하러 그곳에 간다.
가운데 놓인 탁자 주위는 온통 꽃무덤이다.
꽃이 듬뿍 담긴 긴 화병
그 아래쪽 테두리를 둘러싼 시든 꽃
막대모양의 탁자 다리를 따라 내려가면
바닥에도 소복이 쌓인 마른 꽃잎.

두 가지 불빛을 음미할 수 있도록
유리창 앞에 놓인 키 낮은 촛대
촛불의 어스름한 분위기
로얄코펜하겐 접시에 담긴 달콤한 케이크
터키(튀르기예)의 국기를 닮은 달과 별 무늬의 등잔
이 집 특유의 음악을 따라가노라면.

'만어사(萬魚寺)'
1만 마리의 물고기가 살고 있는 절집
누천년을 이어온 산고의 애달픔이 새까맣게 몸을 태워
이젠 검푸른 몸뚱이로 유영(遊泳)한다.
펄떡펄떡 몸을 일으켜서
아래로 아래로 향하는 만어석(萬魚石)들
멀리 낙강의 한 모퉁이를 채우려는 강한 몸부림인가.
자신들의 본향인 동해를 향한 오롯한 동작인가.

안태호의 가슴에 그득한 물을
위쪽의 천태호로 자아올려 양수발전을 한다지.
아무리 힘들게 밀어 올려도 꼭대기에 이르면
다시 아래로 구르는 시시포스의 바위처럼 쉼 없이
반복하는 허망한 몸짓이 그의 운명

천태호 또한 애끊기는 마찬가지
밤이면 밤마다 애간장을 태우며 위로 끌어올리지만
그 사랑 잡아매지 못하고
종내 아래로 내리쏟아야 하는 서글픈 사랑
그래서 저리 시린 물빛일런가.

삼랑진 그 어름
제풀에 겨워 관절을 뚫고 붉어진 복사꽃
붉은 울음 뱉을 적에
덩달아 온 천지가 신열을 앓더라.

06.2.26 거제 홍포
대·소병대도

매화나무 춤을 추고 있네.
홍포 지나 자갈길 헤치고 달려 절벽에 서니
저기 저만큼 바다에 몸 담근 크고 작은 섬들
멀리 대매물도 소매물도 그 앞으로 가왕도, 어유도
인간사 보기 싫어 식솔 모두 거느리고 바다로 나앉은
소병대도와 대병대도.

동살 무렵 푸른빛으로 깨어나는 강을
보았다.
밤새 강물에 몸 담그고 자다 눈곱을 떼고
꿈에서 깨는 산
산이 뒤척이는 소리에 자욱하던 물안개가
산등성이로 올라가는 것을
물에 드리운 그림자는 그냥 두고 기지개를 켜는 산
기척에 청둥오리 한둘이 깨어나는 것을
게으른 오리 한 마리 무리에서 벗어나
아직 산이 개키지 못한 잠자리를 망가트리는 것을
보았다.

05.9.25 현대미술관
잔디밭

05.9.25 국립현대미술관

무릎을 베고 누운 연인에게 책을 읽어주는 청년
소프라노 엄마의 목소리
아기의 맑고 투명한 웃음소리
조각품을 배경으로 포즈를 잡는 사람들의 몸짓
잔디밭을 가로지르며 신이 난 아이
다양한 미술관 앞 풍경이
무성영화의 한 장면 같기도
개성 듬뿍 담긴 그림 같기도.

15. 9. 25 국립현대미

구운리

구름이 머무는 곳 굴운리
지난여름 위세를 부리던 허수아비들이 새벽을 지키듯
꼿꼿이 허리를 세우고 있는
여름날 만수가 되었던 자국을 정확히 그은 저수지를 따라
조붓한 길 돌아들면 풍경화

여름이면 호수에 뛰어들던 풍경들
산도 반쯤 몸을 담그고 온천을 즐기는 모습이었지.
분주하던 낚시꾼들은 또 어떻고
그들이 잠적한 저수지는 적적하고 고요하다.

06. 2. 12 청평호

정성스레 만든 부채를 들고 올 그대
구름을 불러 꽃을 피우고
나비를 탄생 시키는 바람 닮은 사람

오늘은 얼음강 건너 배의 선실 닮은 찻집에서
뜨거운 매화차로 언 가슴을 녹여야겠다.
그래,
온몸에 향기 깊게 스며들면 빙그레 웃어줘야지.

고석정 아래 현무암과 검은 바위에 겨울 지나며
이끼가 그린 추상화가 많은 이야기를 전한다.
길손의 소망을 담은 조약돌탑 무심하고
버들개지 볼그레한 솜털 간질이는 햇살
더 이상 참을 수 없어
노란 수술 터트려 꽃을 피웠다.

06.3.13 청도 도피안사

햇살은 따뜻해도 바람벽이 없는 곳으로 나서면 차가운 날
도피안사(逃彼岸寺) 일주문 나무벽에 기대선다.
저만큼 사천왕상 앞에 서서 풍경을 담고 있는 그
그 건너편에는 오래된 소나무 한 그루
까만 솔방울을 촘촘히 달고 있다.
좁은 비알을 일구고 있는 주지스님
울력할 손이 없음인가
홀로 외로운 쟁기질에 돌이 세상 밖으로 나온다.
골라낼 것이 어찌 돌멩이뿐이랴.
심중에 얼기설기 얽혀있는 근심들
저 돌멩이처럼 골라낼 수 있다면 얼마나 시원하랴.

문호리의 바치울 산자락 복사꽃밭에서 밥을 먹는다.
물기 없는 버들개지를 뚝 분질러 젓가락을 만들어 즐기는 우리만의 만찬.
찰밥 한 덩이에 반찬 두 가지일망정 분홍 꽃빛이 사방을 에워싸고 있으니 이보다 더 화려한 성찬은 없을 것 같다.
햇살마저 눈부시니 예가 무릉도원 아닌가.

중미산 농다치고개 삼거리에서 곧장 서너치고개를 넘어 설악쪽 가평 삼거리에서 좌회전하여 천문대를 지나 골짝으로 내려서면 정배리, 문호리, 서종.

.3.25 두물머리 무너비

밝아오는 여명
빛살 묻은 나뭇가지들 바람결에 흔들리며
서로 아침인사를 건넨다.
어젯밤 비에 머리 젖지 않았냐고
'웬걸, 머리만 젖었나, 발끝까지 흠씬 젖었지….'
건너편 갈잎바늘잎나무 중턱에 나란히 서서
하늘바라기로 키를 세우고
먼댕이(꼭대기) 갈참나무들도
키다리 나무 닮으려 잔가지 떨어트리며
하늘로 발돋움한다.

산수유마을을 찾다가 맞닥트린 고샅길
도단지붕에 황토흙집
돌담 옆 늙은 산수유 한 그루
매화등걸도 오래 묵을수록 운치가 있듯
이 나무도 그 사품을 닮았다.
오랜 풍상에 삭신은 늙었지만 마디마디에 맺은 꽃
색깔만은 더없이 맑아
용틀임하는 매화등걸에 산수유꽃이 핀 듯.

저수지 빙 둘러 물속에 발 담근 왕버들
백년 이상 발을 숨기고 있고
행여 외로울까 함께 물속에 그림자 드리운 산.

버드나무과에 속하지만 잎이 타원형이며 뒷면이 백색인
이곳 왕버들은 주산지의 수면이 높아질 때면 1미터
이상씩 물속에 잠겨서 살아간단다.

목숨마저 내놓고 뿌리만으로 고단했던 일생을 보여주는
왕버들 두어 그루에 이끼가 파랗다.
고통으로 몸을 뒤틀다 더 많은 갈래를 찢었으리.

06.5.28 청송 주산지

한 시간 반을 달려 백련을 보러갔는데
꽃은 보지 못하고 망자들만 만나고 왔다.

내친 김에 '칠장사' 팻말을 따라가
흙으로 만든 사천왕문을 지나니
단청하지 않은 대웅전 앞마당에 흰 등이 그득하였다.
우란분절 백중기도
예전 초등학생 때 달았던 가슴의 손수건
이름표처럼 종이가 팔랑거렸다.
극락왕생, 극락왕생.

암서재 바라보며 바위에 앉으니
화양구곡의 절경을 일별하고 내려온 물살
그 소용돌이에 멀미가 인다.
지난 폭우로 불어난 물이 깊이
곤두박질쳤다 바위를 치며 포효를 하듯
콰르릉, 콰르르릉….
골 깊고 산 깊어
밤새 황톳물을 맑혀 옥빛으로 만든
큰 물 진 뒤의 풍경.

낮은 돌담이 둘러진 승방 앞 흰 나리꽃 향기에 끌렸던가. 살풋 치켜든 수막새의 아름다움에 발길이 끌렸던가. 그도 아니라면 저 흙담이 나를 당긴 게 분명하였다.
지난밤 장대비에도 물먹지 않은 흙담, 기쁠 희(喜) 가운데 두고 양쪽으로 해와 달이 떴다.
비뚜름한 '喜' 솜씨 없는 이의 손길 같지만 볼수록 친근감이 솟는다. 어리석은 모양새지만 마음을 당기는 은근함이 그 자리에서 붙박게 한다.
담장 너머로 비죽이 팔을 내민 개복숭아 욕심껏 열매를 맺은 품새로 보아 지난봄 얼마나 화려한 자락을 뽐냈을지 짐작이 간다.

열해(熱海: 아타미)

뜨거운 바다에서 태풍을 만났다.

거센 바람에 높은 파도가 덮쳐온다.

꼬리처럼 쭉 빠진 이랑호
긴 바닷길을 따라
까마귀 낮게 나는 길을 가는 내내
바다의 포효가 뒷덜미를 낚아챘다.
희고 붉기도 한 무궁화 촘촘히 늘어서있는 길
방파제 안으로 피신한 배를 지나치며
「라스트 사무라이」 영화를 보았다.

5. 10. 6. 熱海

작년에 그 복사꽃밭 찾아 한나절을 헤매었다.
폐원이 된 복사꽃밭 앞에서 망연자실
과연 내가 그 도화원에서 노닐긴 노닐었던 것일까.
항상 꽃 만발한 장원일 줄 알았는데
폐원 앞에 선 마음
인생 또한 이처럼 허무한
한바탕 꿈이 아닐는지.

여름 내내 분주했을 일광욕 의자
오랜만에 휴식에 들었다.
그가 내어주는 품에 드러누우니
냉기가 등허리를 감싼다.
그런들 어떠리.
누워서 오롯이 하늘을 보는 일은
상상의 나라로 가는 일이니.

그리움 키우다 지쳤나
동백 잎마저 검자줏빛으로 멍들어 있는 산모롱이를
돌아들자 거기가 바람아래
용(龍)이 승천하면서 조수 변화를 일으켜
긴 모래언덕을 만들고 바람의
신(神)으로 하여 평화로워진 곳이라나.

바다보다 창창한 뭍이 있고
뭍보다 단단한 바다를 대할 수 있는 곳
황폐해진 영혼을 그러안고 힘겹게 찾아들어도
그래 잘 왔다며 다독여 줄 것 같은 곳
바람아래.

마른 춤을 추는 갈밭을 지나
저만큼 드넓은 갯벌에 할망, 할아방이 마주보고
한 폭의 풍경을 만들고
그 너머 평지 같은 난바다
모든 걸 감싸고 있는 해무
아뿔싸,
물기 없는 갯벌을 가로질러 나타난 사람들이 왁자지껄
겨울바다를 깨운다.

호반의 이내가 그리운 날이면
'미스타 페오'에 간다.
봄에는 벚꽃이 구름동산을 이루어 흡사
저녁연기인 양하고 오늘같이 온 세상이
길눈으로 흰 너울을 쓰고 있는 날은 절로
나이 따위를 잊어버리게 한다.
동심으로 돌아가 눈밭에 벌렁 드러누웠다 일어나면
처녀지에 찍힌 몸도장 위로
성큼 내려앉는 하늘.

조바심치며 아주 긴 밤을 보내고
갓밝이에 밖을 내다보던 나는 뜻밖에 밤새 내 마음을
끓게 한 것은 파도소리가 아니라 큰 키 야자나무가 잎을
비비는 소리였음을 알았다.
몇 발자국 거리에 있는 연인에게 더 다가서지 못해
몸살을 앓는 소리였던 것이다.
그래서 그리 애달피 내 가슴을 훑었던가 보았다.

눈 내리는 날의 센티멘털한 분위기 탓인가.
많은 가십거리를 남긴 피카소나 이사도라의 사랑방식이
꼭 나쁘지만은 않게 느껴졌다.
불잉걸 속으로, 속으로만 깊이 삼켜
가슴을 재만 남도록 애태우는 것보다
더러는 폭풍 같은 감정에 휩싸이는 것도
괜찮을 것 같다.

파도는 검은 바위를 향해 사정없이 달려들어
흰 거품으로 부서지고
하늘을 울리듯 요란한 신음을 토해낸다.
세상의 말을 다 끌어와 충동질을 한다.
요동치는 언어들은 잠자고 있는 욕망을 흔들어 깨우고.

05.12.5 목레주 책3로라

태평양을 향해 배를 띄운다.
긴 출렁임 끝에 마리아나해구의 심해의 소리를 듣는다.
다시 할마헤라섬에 이물을 들이대고 화산지대와
감코노라산을 바라보며 해안선을 한 바퀴 둘러보고
땅내음을 잠시 맡으면 멀미쯤은 쉬 달아날 것이다.
내처 아프리카까지 가고 싶지만 이쯤에서 꿈의 여로를
접고 현실세계로 돌아온다.

천천히 계단을 내려오는데 저 멀리 흰 모자를 쓴
한라산이 보인다. 그곳은 아직 겨울이건만 나는
아랫동네에서 때 이른 봄내음을 맡는다.

어둑발 지는 난전에 빈손으로 서 있으면서도 두려움 하나
없는 표정의 벅수 무리를 만났다.

바다에 남편, 자식 다 잡아 먹힌 처연한 표정의
어미벅수, 가슴에 큰 대(大) 자 사람 하나 품고 있는
석상, 앞 못 보는 영감과 말 못하는 아낙이 서로 의지한
채 쪼그리고 앉아 있는 부부벅수, 부른 배 위에 깍지 낀
손을 얹은 색시벅수, 참외배꼽을 드러낸 벅수, 108배를
올리는 벅수, 턱을 괸 동자, 눈을 반쯤 감은 초승달
눈썹의 돌사람 등등…

그들 무리 속에 내 그림자를 세워두고
아쉬운 발길을 돌렸다.

한 그루 나무에 담긴 무한한 상징성.
동복리 마을 입구의 폭낭(팽나무) 한 그루 140여 년의
세월이 어찌 순탄하기만 했겠는가.
우람한 그 앞에 서니 절로 몸가짐이 조심스러워진다.
우듬지엔 마을의 역사가 고스란히 담겨 있고
장삼자락 펄럭이는 춤사위는
지난(至難)한 세월을 살아온 민초들의 애환인 양하다.

'육괴정(六槐亭)'

조선시대 여섯 명의 선비가 시회와 학문을 논하며 우의를 기리자는 뜻으로, 정자 앞에 연못을 파고 느티나무 여섯 그루를 심은 것에서 비롯되었단다.

이 시대의 우리도 뜻이 통하는 이들끼리 만나 수필을 쓰고 시를 쓰고 합평을 하기도 한다.

이화령 옛길을 넘는다.
인적 끊어진 산길에 그믐달의 푸른빛이 괴기한 기운마저
띠고 있다. 간간이 솟은 바위는 집채만한 짐승이 버티고
선 듯하고 바람에 흔들리는 나뭇가지들은 잡신들의
춤처럼 어지러웠다.

장승들의 무리를 문경새재 길목에서 만났다.
형상 또한 각양각색으로 해학적이다.
혀를 빼물고 있는 것에서부터 봉두난발을 하고 허연 이를 드러낸 모습, 득남을 기원하는 한 쌍의 장승은 에로틱하다.
마을 입구에 서서 벽사의 기능과 길의 이정표 노릇을 하던 장승이 현대의 표지판에 밀려 시나브로 사라지나 했더니 이렇게 한마당에 모였다.
가슴에 새긴 글발도 변해 '민족통일남장승'과 '민족평화여장승', '백두대장군, 한라여장군, 북방흑제장군(北方黑帝將軍)' 등등.
길게 늘인 두 가닥의 새끼줄 군데군데 꿰어 놓은 소망들이 바람에 나부끼고 있다.

겹겹이 포개진 산과 산, 하나, 둘, 셋… 열셋.
켜켜로 몸을 세운 산이 어린대나무색으로,
회청빛으로, 심해빛깔로, 해송색으로 먼데 봉우리부터
희미해졌다가 차례로 어둠 속에 잠겨든다.
앞산의 은사시나무 군락이 마지막까지 한껏 애쓰다
어둠에 들자 포도주를 따른다.
얼굴에 꽃물이 밴다.

파도가 굴러온다.
너울과 너울 사이로 밀어들이 밀려오고 모래밭에서는
젊은이들이 자신들의 미래를 닮은 불꽃을 쏘아 올린다.
밤 파도에 드러누워 이랑과 이랑을 타고 넘어 내게로
급히 달려오는 사랑의 말들을 주워 담는다.
10층 아득한 높이에 올라앉아
고기잡이배들이 비춰주는 둥근 바다
그 바다 끝까지 떠오른 별들을 보며 배영을 한다.
별들도 바닷물에 목욕을 했나 짠내가 난다.

44번 국도에서 56번으로 갈아타 솔치재를 넘는다.

분화구에서 연기를 뿜듯 피어오르는 안개

지난밤 쏟아진 비 다시 하늘로 올려 보내느라 바쁘다.

맨드라미 붉게 불 지르는 길

버드나무 잎을 뒤집어 하얗게 손을 흔들고

질세라 자작나무 흰 살결로 뽐내는

56번에서 31번 길로 바꾸어

여량(아우라지) 큰너그니재를 넘어

속세로 돌아오다.

서서히 황금색으로 빛나는 바다
햇빛을 받은 모래알갱이가 찬란하다.
약속이나 한 듯 금방 백사장을 메우는 사람들
먹이를 따라 갈매기의 날갯짓도 바빠지고
맨발로 나서는 성급한 연인의 모습이 장난스럽다.
사랑에 빠진 이들에겐 다른 사람은 안중에도 없는 법
세상엔 오직 그대와 나뿐.

차를 세우고 들꽃과 눈을 맞춘다.
아직은 지난가을과 겨울, 봄이 섞여있다.
미처 옷을 입지 못한 나목도 있는데
보랏빛 제비꽃, 노란 애기똥풀
함초롬히 피었다.
자잘한 꽃들에 홀려 냇가로 내려서다 만난 낮은 봉분
그 앞에 다소곳한 할미꽃은
이승과 저승을 연결하는 고리인가?

봄은 산비알에 빨간 점들로 찍혀 있다.

해가 지면 다 모여라.
오동나무 등불 밝히고 라일락 향기를 터트리는 곳
지난가을 노란 알곡이 여태껏 벽화로 남아있는 그곳
너와 나의 역사를 속삭여 주는 그 자리
초승달 애연히 웃음 흘려도 좋은….

명성황후를 만나러 갔지요.
질경이 땅을 기고 있는 들판에
여뀌가 불그레하게 볼을 붉히며 방석을 깔아놓아
잠시 몽롱했네요.
내 심사를 아는지 모르는지 흰나비 한 쌍 애타는
몸짓으로 사랑놀음에 빠져있었어요.
하필이면 왜 그곳이었는지요.
애통한 황후 내려다보고 있는데 무엄하게도 말이에요.
황후를 알현하다
우리의 능에는 낯선 낙타와 코끼리도 보았어요.
내려오는 길가에 부처꽃
잉크빛 솔을 말아 손을 모으고 있기도 했어요.

아래쪽 강은 아직 잠에서 덜 깬 듯하고
안개 속에서 차츰 차츰 솟아오르는 건넛산들이
곡두처럼 아련하다.
진달래 꽃길을 따라 가면 어디로 갈까.
이끼 낀 바위에 드러누워 바라보는 하늘이
아래로 몸을 낮춰 나를 위해 이불을 펼 듯하고
소나무의 흔들림조차 예사롭지 않다.
좌르륵 좌르륵 바람이 나무들을 간질이며
삽상한 내음을 내게로 가져다준다.

옥천
풍경화

저수지를 끼고 돌아
이구아나의 등짝 같기도 하고
공룡의 등처럼 갈퀴진 능선 허리쯤의 아슬아슬한 길을
따라가면 또다시 맞닥뜨리는 저수지
사람의 발길을 막으려는 듯 멧부리에서부터 아래로
아래로 된비알을 구르는 돌을 피해 지레목을 빠져나간
곳에 세상 밖인 듯 초연하게 숨어 있는 풍경화펜션.
그리고 배경으로 들앉은 공작산.

남한강 건너 조가비 엎어놓은 너의 집
　노를 저어가면 닿을 수 있으려나
에돌다보면 너에게 닿을 수 있으려나.

아침이면 집앞 골목에 잠시 멈췄다 떠나는 차가 있다.
뒷좌석에는 매번 한 노인이 타고 있는데
한결같이 나만 보면 손을 흔든다.

공심산방 주인장, 오라버니 같던 하서 선생님이
그렇게 손을 흔들 듯 이별을 고하고 떠났다.

어느 날 상남 선생님도
그리운 친구를 만나러
손 한 번 까딱해주고 떠나버렸다.

그리고, 그리다

우희정 지음

1판 1쇄 인쇄/ 2025년 5월 20일
1판 1쇄 발행/ 2025년 5월 22일

지은이 / 우희정
펴낸이 / 우희정
펴낸곳 / 도서출판 소소리

등록 / 제300-2007-21호
주소 / 03073 서울 종로구 성균관로 5길 39-16
전화 / 765-5663, 010-4265-5663
e-mail: sosori39@hanmail.net

값 14,000 원

*잘못된 책은 바꿔드립니다.

ISBN 979-11-5891-214-7   03810

*이 책의 출판권은 도서출판 소소리에 있습니다.
무단 전재 및 복제를 금합니다.